A los treinta y seis

*Reflexiones de maternidad, crisis temprana
y autodescubrimiento.*

Fernanda Olguín

A los treinta y seis

Reflexiones de maternidad, crisis temprana
y autodescubrimiento.

A los treinta y seis

Reflexiones de maternidad, crisis temprana y autodescubrimiento.

Primera Edición

©2020 *Norma Fernanda Olguín Pacheco.*

ISBN: 9798657018592

A la niña temerosa,

A la adolescente rebelde,

A la joven idealista,

Y a la madre en caos.

A todas las mujeres que fui...

Gracias

A mi madre, perdón.

A mi hija, esto va por ti.

Y a quién me lea,

Tratando de entenderse

De buscarse y no perderse,

De corazón

Espero que te encuentres.

Y seguirás siendo arte,
Aunque no tengas quien te admire.

Autor desconocido

Prólogo

Hablar de uno mismo es fácil, siempre y cuando no requiera abrir las heridas; sentirse expuesto, colocar ante los ojos de propios y extraños nuestros propios sentimientos entre el viento, el sol y de repente una ligera llovizna.

Hablar de uno mismo es fácil; pero sólo cuando se hace por encima. ¿Qué comiste? ¿Qué película viste? ¿Cuál es tu color favorito? En lugar de ¿qué se siente la soledad? ¿Con qué sal mezclaste tus lágrimas? ¿A qué sabe el desamor?

Por eso este libro es valiente, por eso Fernanda lo es. No cualquiera muestra lo que dejó el naufragio, mucho menos con tal gama de sentimientos convertidos en palabras.

Y es que sin importar quien seas, cuantos años tengas o en donde estés, cada palabra contenida en este libro se hará parte de tu propia amalgama de recuerdos; esos guardados celosamente en lo más profundo de tu corazón.

Paola Klug.

Índice

Introducción

San Lunes 21 de octubre de 2019

En vez de ordenar lo que me falta antes de ir por Lucía al preescolar decido sentarme frente a la PC, 1:12 pm maraca el reloj, la comida está a medio hacer, la casa a medio ordenar y mi cabeza a medio estallar.

Mi esposo dice pienso demasiado las cosas, que le doy demasiadas vueltas a cualquier asunto, problema, situación, como quieras llamarle. Mi respuesta normalmente un rotundo - ¡NO!- aun sabiendo que en parte tiene alguito de razón. Así soy, no es disculpa, no es justificación, simplemente así soy. Lo que creo merece mi atención se gana parte de mis fuerzas. Aferrada nunca, aclaro, se soltar las cosas, solo que a mis tiempos. Si me presionan no funciono, me desarmo contra reloj, a mí o me das espacio o mejor no me des nada.

Basta de palabrerías, se acerca la hora de irme y no he hecho ningún punto. Soy Fernanda, mucho gusto, me presento.

Es difícil hacer una presentación, resumirme, darme un título, un grado, un adjetivo calificativo. Soy madre de cinco niños (tres vivos, dos muertos, o en el cielo, o donde quiera que estén, pero aun así siempre muy cerca) esposa del mismo hombre después de 15 años (algo de admirarse en estos tiempos en que hay cero tolerancia y divorcios express). Soy ama de casa <<full time>>, taxi de mis hijos para actividades extracurriculares, réferi de sus peleas, mucama, enfermera, cocinera, repostera en mis tiempos libres (si es que los hay), escritora por vocación recientemente autopublicada (porque a veces, si uno no toma la iniciativa, nunca llega la oportunidad), entre un montón de más roles que me tocan desempeñar día a día. Me encuentro en las periferias de los 36 años, entrando cuasi triunfante o ruinmente (aún no decido como) a los 37.

Podría hacer una breve descripción de mi vida que englobe todo: 6 años todo era sencillo, a los 16 depresiva e insegura, a los 26 (casada y con dos hijos) maravilloso caos y a los 36 se le fue lo maravilloso y solo me quedo el CAOS.

Recuerdo cuando recién me case al oír de amas de casa cansadas, del burn out, de madres que tienen ganas de salir corriendo y abandonar todo y pensaba << ¿cómo es posible eso??>> . Escuchaba de las crisis de edad media y decía << ¡eso solo pasa en las películas!>>, veía que decían por ahí que las situaciones con los hijos te sobrepasan, que los tiempos cambian, que una poco a poco una se va dejando de lado, que te consumes, que a veces te pierdes, te desvaneces y lo veía todo tan ajeno, como pensando << eso no me va a pasar a mí>>...

Heme aquí 15 años después llena de dudas, miedos, cansancios, sintiéndome un poco timada por la maternidad que me vendieron, o de la que me hice ilusiones cuando me casé, rozando en una crisis de edad media y escribiendo todo esto en una casa medio ordenada, con la comida a medio hacer, con la cabeza a medio estallar, y el corazón full de sentimientos. Tratando de fingir bien la sonrisa para poder llegar al preescolar por mi hija menor y seguir con las 9 horas que me quedan de día.

No quiero ser un cliché y tener crisis a los 40, soy la oveja negra de la familia y siempre hago lo contrario a lo que todos esperan, por eso creo que para mí empezó a los 35 años, pero los 36 han sido reveladores.

Escribo estas líneas catárticas para mí, dirigidas a quien las quiera leer, a quien le pueda ayudar o a quien quiera solo curiosear.

Nunca nadie te dice.

No sé si sea pesimista de nacimiento o me vendieron una vida llena de promesas que fácil se logran, una maternidad de ensueño, una vida de pareja de encanto. No sé si yo esperaba demasiado, me hicieron creer que las cosas serían diferentes o me hice una idea muy romantizada de la vida. Me considero realista, aunque la verdad tiendo a ser algo soñadora.

Nacer, crecer, caerse y levantarse, seguir creciendo, madurar, tener pareja y tener muchos hijitos, ser un hibrido entre Betty Crooker y Martha Stewart para ellos, envejecer y ver el atardecer con tu pareja para los dos morir tranquilos y juntitos de la mano.

Queremos vivencias idílicas, experiencias que definen, que llenen, momentos plagados de primeras veces, cargados de sensaciones, de sentimientos, de emociones, todos buenos, pocas cosas malas, salir triunfante en las adversidades.

Tal vez nos pintamos la vida con optimismo porque uno no puede ir regando amargura por la vida. No es sano ir con el semblante mal encachado por las calles. Si dicen que las sonrisas son contagiosas, los gestos de angustia también deben de serlo, ok, lo entiendo.

Pero entre dimes y diretes, entre que debatimos si es bueno o malo ser positivo o pesimista la verdad es que nunca nadie te dice que a veces vivir te va doler hasta los huesos. Que el camino desgasta, que te puedes perder y encontrar más de una vez.

Que a veces te desvaneces y te vas camuflando con las cosas, la rutina es vil y te mata poco a poco el alma. Que el significado de ser mujer está en un limbo, entre el arquetipo de esposa y madre impregnado del pasado pero queriendo encontrar su lugar y ser respetado.

Entras en una gran disyuntiva, pues la maternidad se trata de moldear y crear pequeños seres humanos para convertirlos en personas de bien, en humanos empáticos, eres su ejemplo, su rol, su guía.

¿Cómo carajos dedicas tus días a formar a los demás sin perder tu individualidad? ¿Cómo te das un tiempo sin parecer egoísta?

Nunca nadie te dice que corres el peligro de desaparecer, de ser solo parte de la escenografía, de perder tu voz, tu esencia. Perderte con el sutil peligro de no volverte a encontrar.

Nadie te dice, nadie te prepara, es un asunto de prueba y error, de experimentar, porque la vida de eso se trata de aprender mientras andamos.

A los treinta y seis

Solo debemos recordarnos mientras andamos este camino, que no se nos olvide quienes somos, ni se nos olvide respirar.

A la del espejo.

Te escribo a ti, a la que se observa cada mañana con desagrado, a veces optimista, siempre con desencanto. La que le da pena mirarse al alistarse, la que no soporta ver su cuerpo desnudo.

A esa que veo y no reconozco, a la que le cuesta mirarse porque odia un poco a la del reflejo. La insegura de todo, la que sabe llenarse de culpas, la que llora en silencio.

Ya no eres la joven que solías ser, lo tienes muy claro. Sabes que la edad pasa factura, que vivir desgasta y deja marcas imborrables.

Hay historias que llevas grabada, tus momentos, tu cuerpo habla de batallas ganadas y perdidas, cicatrices, cesárea y unas cuantas estrías.

Te sientes sin rumbo, te ves y no te miras, te buscas y no te encuentras. Vives en el limbo contaste de hurgar en el pasado la que eras mientras tratas de entender la mujer en la que te estas convirtiendo.

Ya no eres la de los recuerdos, la del tiempo congelado en fotografías, pero tampoco te gusta la que ahora ves en el reflejo. No eres la joven de antes ni la señora que quieren venderte.

Mujer madura que aún se siente niña, eres el punto suspensivo al final del renglón, se te ha olvidado en este andar todo lo que vales hoy por hoy.

Te perdiste, toma el rumbo y abraza tu confusión. Levanta la frente, atreve a mirarte y encontraras en ti lo que buscas, la razón.

Eres luz, creas vida, eres el beso que cura la herida y la palabra que calma bendita.

Eres las noches en vela cuidando, la paciencia y el regaño, las sonrisas y el abrigo, eres razón, palabra y sentido.

Mujer, vales más de lo que piensas, que la mente no te engañe, a la culpa no le creas. Tan única e irrepetible que en tu vientre acunaste sueños que ahora caminan y son libres.

A la del espejo, a esa que veo y no quiero mirar, a la que busco y no encuentro, a la del reflejo hoy abrazo y le digo te quiero feliz, te quiero como eres, es hora de hacer las paces contigo.

Me asusta

Nunca pensé tener una hija mujer, aunque no niego lo llegue a imaginar cuando era más joven, siempre hubo en mi muy dentro ese deseo de una niña con la cual compartir mi tiempo, mis collares, mi sabiduría femenina y mis secretos.

Después de ser mamá de hombres hasta sentí un alivio el no tener que traer una niña a este mundo. Un día escuche decir a alguien que no quería tener hijas porque <<-las mujeres sufren más->>, recuerdo haberme reído por dentro de ese comentario, me sonaba un tan absurdo, sin sentido.

Luego llegó Lucía a este mundo, ella y la vida se encargarían de taparme la boca. Muy dentro creo que una de las razones por las que esta niña llegó al mundo fue para quitarme la venda de los ojos. Vivimos en un mundo machista, es lo he sabido desde siempre, pero tener que criar a una mujer me ha abierto tanto los ojos. Es una gran responsabilidad educar mujeres en estos días.

Me asusta tener tanta responsabilidad en mis manos, me asusta pensar que mi rol es su vida es tan importante, que ella definirá parte de su personalidad viéndome, siguiendo mi ejemplo, escuchando lo que tengo que decirle.

Pero aún más leyendo lo que se esconde entre las delgadas líneas de lo que hago y lo que digo, escudriñando sin saber en mis silencios, lo que dejo en puntos suspensivos.

La veo a sus cinco años con toda su inocencia, queriendo crecer y comerse el mundo, jugando con mis zapatos, usando mi maquillaje, queriendo ser como yo. La veo y tengo ganas de decirle que no quiero que sea como yo, abrazarla muy fuerte y decirle al oído - *no quiero que te parezcas ni tantito a mí.* –

Quiero que sea lo más distinta posible, quiero que crea en ella, que siempre se sienta segura con sus decisiones, que sea feliz con lo que hace y que se ame profundamente. Que nunca dude de ella y de lo que puede llegar a lograr. Que sepa reconocer cuando se equivoca, que no dependa de nadie. La quiero fuerte, la quiero humilde, que confíe sí misma.

Da miedo saber que eres el ejemplo de alguien y no solo de cualquier mortal, sino de una de las mujeres más importantes que alguien puede tener aparte de su madre, su hija.

Bienvenidos treinta y siete

19 de noviembre de 2019 9:30am

Feliz cumpleaños a mí.

Detente cuando no puedas, más nunca dejes de avanzar.

Bueno o malo, nunca olvides lo aprendido.

Perdona, suelta y respira.

Sumérgete en el agua sabiendo que sabes nadar, entrégate,

y, aunque sientas las aguas calmas, no subestimes nunca al mar.

Vive full, quéjate menos y no te arrepientas de nada.

Abrázate, tente paciencia, no te regañes ni te relegues.

Eres fuerte y lo llevas grabado en la piel.

Amate carajo, amate, que ya has vivido tanto y te falta un tanto más.

Cuéntame, mamá, por favor.

Nunca fuimos, y creo no seremos las mejores amigas. Nunca tuvimos ese tipo de relación de madre e hija cómplices y a estas alturas de la vida, creo, que nunca la tendremos.

No sé si es sobra de orgullo, un efecto secundario de nuestros egos, o simplemente en esta vida no nos tocaba ser. Tal vez tenemos que aprender por lo difícil tanto una de la otra. De darnos de topes contra la pared.

Te vi dura, con un temperamento fuerte y siempre lejos de la mamá cariñosa con sus hijos. Con mano firme y aun guardando esa imagen de mamá fuerte, se te salían algunos destellos de amor por los ojos, por los poros.

Fui difícil y aun lo soy. Sé que no fue fácil tener una hija como yo. Desde ese primer momento en que supiste que venía y no me esperabas se marcó como sería nuestra relación. Siempre rebelde, queriendo hacer las cosas a mi manera, retando, cuestionando, siempre contra corriente, apurada por vivir, queriendo comerme el mundo, siempre una tumba que a nadie contaba sus secretos.

Y hoy estoy aquí del otro lado de la historia, estoy aquí siendo madre y cuestionándome todo, con miedos y culpas, con vacíos en el corazón. Con unas tremendas ganas de salir corriendo, de gritar, de llorar.

Sentada con un cigarro en la mano y la cara mojada de lágrimas un día te viniste a mi mente y quise preguntarte, mamá ¿a ti te pasó igual?

Cuéntame, por favor, si llorabas por las noches después de los días pesados,

Sí detrás de esa firmeza se escondía una niña ahogada en llanto.

Dime si dudaste de ti, si sentías culpas y miedos.

Platícame si después de algún regaño quisiste salir corriendo a abrazarnos.

Si los te odio te hacían pequeñito el corazón.

Cuéntame, mamá, por favor, si suspiraste por los sueños que no lograste, o una vida que dejaste a un lado por criarnos.

¿Cuáles eran tus anhelos, esos que por amor a nosotros dejaste arrumbados?

Y ahora que somos adultos, dime mamá ¿Valió toda la pena?

A los treinta y seis

Fui difícil y aun lo soy, pero ahora, mamá, quiero decirte te amo mamá y te entiendo tanto, no es fácil la vida que elegimos, que es difícil crear y criar humanos desde cero, moldear personas, prepararlos para vivir, fortalecer alas, enseñarles a volar cuando ni uno mismo sabe cómo lo hizo.

No sé si es sobra de orgullo o un efecto secundario de nuestros egos, si en esta vida no nos tocaba ser o si tenemos que aprender una de la otra, pero créeme cuando te digo, ha valido la pena tu esfuerzo conmigo.

Cuéntame, mamá, por favor, que muero por escucharte.

La Jaula

No sé si yo me la cree o ya estaba hecha,

lo que sé es que por mi propio pie si entré,

desde afuera no se percibía en realidad lo que era.

Se veía hermosa, prometía mucho tal vez.

Me deje deslumbrar he de aceptar,

puse mis esperanzas en ella,

la limpiaba, la pulía, la ponía hermosa, la adornaba,

y de cuando en cuando, maldecía por en ella estar.

Cada vez más grande la veía,

cuando en realidad fui yo la que pequeña me volví.

Los barrotes por los que me asomaba

a veces oprimían, a veces lastimaban,

triste en ella muchas tardes mire pasar,

hasta el punto en que ya nada me inspiraba

pase a solo de cuerpo presente estar.

Un golpe de realidad me despertó

la vida me llamaba a regresar,

a salir de esa jaula en la que entré

tuve que llegar muy bajo, tocar fondo, caer.

Hoy escribió esto a la mujer que fui,

a la que casi se dejó vencer,

no hay jaula que te impida las cosas realizar,

siempre sueña alto, no te dejes apagar.

Cuando jugaba a ser mayor
(Crisis)

Y me imaginaba esto de las crisis de edad algo diferente: que llegabas a los cuarenta y pum, te daban ganitas de comprarte carrito deportivo y ponerte sexy para las jovencitas si eras hombre o empezar las cirugías y vestirte locochona si eres mujer. Sentir adrenalina de nuevo, las cosquillitas en el estómago, esa intrepidez de juventud, ser despreocupada, audaz.

Bueno, esto es un estereotipo un cliché o como quieras llamarlo, algo que nos han vendido y una imagen que nos han creado desde hace tiempo. Me acerco a los cuarenta y voy más por hacerme a la idea de aprender a amar mi cuerpo que por optar por el bisturí, ni el dinero ni el miedo me dejarían hacerlo.

Entre más me acerco a los cuarenta me doy cuenta que la crisis no es lo que pensaba, de entrada no me dan ni tantitas ganas de vestirme de manera audaz, sé que ya no tengo el cuerpo ni los ánimos de hacer cosas locas, mi lucha es por aprender a aceptar lo que la vida me está trayendo consigo.

Camino a la temida edad sin tregua, a un paso más rápido del que quisiera y me doy cuenta que ya estoy en crisis de edad, me empezó un poco antes. Empezó cuando me di cuenta que posiblemente he vivido más de lo que me queda de vida, cuando comencé a cuestionarme que fue de las metas y los sueños que tenía hace veinte años cuando salí de prepa ¿los cumplí? ¿Me acerque tantito a ellos al menos?

La crisis no solo está en los estragos o cambios físicos por el paso de los años, aunque afróntemelos, pega un poco darte cuenta que el tiempo y la vida misma va cobrando factura en nuestra apariencia. La crisis, en realidad la verdadera crisis es cuando de a pocos (o de a muchos) te vas dando cuenta que tomaste un camino completamente diferente al que en tu juventud querías, hasta el punto en que ya no te reconoces.

Ok, uno no puede ser eternamente joven, queriendo o no vamos cambiando es inevitable madurar, tener otra visión y perspectivas de la vida, eso lo entiendo. Pero hay un punto en el que te vas alejando de tus sueños, las prioridades son otras, que, al adentrarte tanto en tus nuevos roles, si no tienes bien planteadas tus metas o bien agarrados tus sueños los puedes ir aplazando hasta que se desvanecen, te alejas de esa persona que fuiste.

Un día te topas con una foto vieja y no reconoces a la que está ahí, con la sonrisa congelada en el tiempo, con los ojos brillando de ilusiones, de sueños. ¿Qué fue de todos esos planes? ¿Dónde quedó esa mujer? ¿Hasta dónde tu vida es tuya?

Cuando tienes hijos tu vida ya no es tuya, tienes la responsabilidad de formar de cero a personitas, ayudar a moldear sus personalidades, crear y criar personas de bien y este trabajo consume tiempo, energía y vida. A las mamás se nos va la vida, nos adentramos tanto en nuestro rol de madres que a veces nos perdemos, somos una sombra de lo que fuimos y algo que no tiene forma nos define, somos todo y nada a la vez.

No quiero sonar egoísta y mucho menos sentirlo así por querer tomar tiempo para mí, para reencontrarme con lo que era y traerlo al presente, fusionar a la joven idealista con la mujer madura *(que pienso soy)* que ahora soy.

A lo mejor siempre hemos estado equivocados y vemos las crisis de edad como egoísmo y deseo de beber de la fuente de la eterna juventud cuando en realidad esa parte joven que habita dentro de nosotros, la idealista y soñadora, se está haciéndose paso y tomando el espacio que era de ella antes de crecer y madurar.

Estos días han sido de introspección, las noches de insomnio me recuerdan lo que fui y lo mezclan con lo que quiero ser. Es hora de reencontrar la que era antes y traerla de nuevo a la vida, a mi vida actual. La joven que escribía cuando las crisis llegaban a su vida, la que plasmaba los momentos más intensos en papel, en una servilleta o en las hojas de cualquier libreta que tuviera a la mano, se fumaba un cigarro y jugaba a ser mayor.

Cuando escribo

No sé hablar en público, mucho menos en privado; los temas serios me sobrepasan y la boca se me cierra con candado. Los que tiene el gusto *(o la pena)* de conocerme en persona podrían considerarme un tanto fría, que le huyo a la hora de hablar de temas serios, que me escondo en el sarcasmo para evitarlos, los temas que duelen, los que llegan al corazón.

En resumen pareciera que no se hablar, soy muy torpe a la hora de expresarme las manos me sudan, los nervios juegan conmigo y el saber que por un momento la atención se centrará en el tono de mi voz me aturde, pero cuando escribo, no puedo describir bien lo que pasa cuando escribo, es como si todo un mundo se abriera.

Cuando escribo soy todo corazón; al escribir la maraña de sentimientos y de ideas desordenadas en mí cabeza bailan un gran tango, un bello vals o baile de salón, fluyen perfecto. Tonada, son y pasos al compás de la melodía de mis emociones dejándose llevar.

Y hay algo que aún no he podido descifrar como si fuera corazonada, intuición o que se yo que me lleva a querer plasmar en letras lo que percibo, respiro, siento y vivo para compartirlo a los cuatro vientos y que llegue a quien tenga que llegar.

A los treinta y seis

Al fin y al cabo creo que de eso se trata escribir, pero escribir de verdad, es compartir lo más profundo de tu ser en cada letra, en cada frase, mostrarse uno mismo sin tapujos, sin poses, sin caretas; mostrar tu mente y desnudar tu alma.

Hubo un tiempo en el que deje a un lado eso que me hacía vibrar, de lo que me hace ser yo, estaba mutilando una parte importante de mi ser al dejar de hacerlo, escribir siempre ha sido mi manera de enfrentar las crisis y cerrar ciclos importantes en mi vida.

A veces dejamos a un lado cosas y empezamos a construir nuestras vidas olvidando parte importante de nosotros mismos, aprendemos a vivir día a día sin eso que nos sublima aunque al hacerlo parte de nuestra esencia muera. Pero al igual que la naturaleza vuelve a tomar lo que es suyo así la escritura volvió a ser parte de mí. Así como el cauce del rio seco sobre el que se construye un día vuelve a desbordar y llenarse de agua o el mar recupera el terreno así nuestra naturaleza tiene a traernos lo que es nuestro, lo que somos.

Sororidad

No sé en realidad si este término ya existía hace tiempo y apenas le puse atención, si por la situación actual que vive nuestro país feminicida y machista fue que más mujeres volteamos a verlo y buscar hermandad entre nosotras o si se trate de una moda pasajera (lo cual espero no).

Lo que sí sé es que entre mujeres, a través de los años o tal vez de los siglos, hemos hecho rivalidad entre nosotras mismas en vez de darnos la mano. Nos juzgamos, nos etiquetamos: <<Puta, mojigata, zorra, arrastrada, víbora, perra, gata, vaca...>> ¿La cultura, nuestra educación o la sociedad en la que vivimos? Lo más probable...

Desde siempre me he considerado feminista y defendía mi postura diciendo - *sería muy contradictorio ser una mujer machista*- se me hacía muy idiota que las mujeres fuéramos machistas. Tristemente, como en muchos aspectos en mi vida, ella misma se encargó de callarme pues en realidad yo era una mujer machista como muchas, no por convicción o consiente de mis actos, sino por la educación o la formación que a través del ejemplo hemos recibido de generación en generación. Conductas arraigadas, aferradas en nuestra historia, nuestro país, nuestra crianza.

No quiero sonar hembrista y echarle la culpa a los hombres, pero creo que a veces no toleran que las mujeres podamos ser fraternas entre nosotras, o mejor dicho <<sororas>> que nos podamos defender sin pensar que nos solapamos las unas a las otras, de captar que nos entendemos y conectamos a niveles que ellos no pueden imaginar, que hagamos tribu sin que piensen que somos un bonche de lesbianas.

Sororidad, hermandad, solidaridad entre mujeres, dejando a un lado juicios, creencias, estereotipos y demás cosas que nos han y nos hemos impuesto nosotras mismas. Desechar prejuicios, miedos y limitaciones de género. Dar la mano a nuestra hermana, apoyara, esperarla a que este lista, sentarnos con ella en lo que agarra valor, en lo que arranca las limitaciones que le impiden vivir como ella quiere. Acompañarnos en nuestras etapas y no ser nuestro propio juez y verdugo.

Educar a nuestros hijos varones para que valoren a la mujer y no se sientan seres superiores y a nuestras hijas a hacer un lado la sumisión, tengan una autoestima fuerte, que ellas mismas se valoren.

A los treinta y seis

Este año por primera vez fui a la marcha del ocho de marzo, quise tener congruencia entre lo que hago y digo, y enseñar a Lucia desde pequeña a hacer sororidad, a ver a la mujer como amiga y no como enemiga. Debo confesar me sentí rara, cuestionándome si hice bien en llevar a una niña tan pequeña a estos eventos, fuera de contexto en un inicio pero poco a poco las demás nos fueron acogiendo a las que teníamos un gran signo de interrogación en el rostro, a las que éramos nuevas en esto. Y ahí estábamos reunidas todas, las que nos acercamos por curiosidad o por querer unirnos a las idealistas que están generando el cambio, las que han sido violentadas, las que hablaban por ellas, las que hablaban por las hijas y hermanas que ya no pueden hablar. Partimos rumbo al punto de destino, todas juntas cantando, gritando consignas, unidas. Lucía, tomada de mi mano preguntaba cosas y yo trataba de contestarle lo mejor posible.

Una tarde diferente para nosotras, una fría y nublada tarde de marzo, un cielo gris nos acompañaba al tono de << ¡Tranquila hermana esta es tu manada! >>, y sobre el pequeño río de playeras moradas empezó a lloviznar. Busqué un lugar donde sentarme con Lucía ya cansada, trataba de cubrirla con mi bufanda cuando una jovencita me tendió su paraguas y nos ayudó a un par de desconocidas por el solo hecho de estar ahí con un mismo fin, un mismo ideal. Eso es la sororidad, un simple detalle me demostraba la grandeza de todo esto.

¿Qué si yo hubiera hecho lo mismo? Sin pesarlo digo que sí.

La sororidad somos mujeres que ayudamos mujeres de la mejor forma que podemos, ya sea a salir adelante, a ser mejor, a ser una misma voz, a luchar por ideales, a luchar por derechos y mover al mundo. Sororidad es hermandad, es ser tribu, es no vernos como competencia, como enemigas, es decirle a la otra yo te creo, yo te apoyo... unidas es mejor.

Rota

<<Todos estamos rotos, así es como entra la luz. >>

Ernest Hemingway

No creo haya una sola persona en el mundo que no tenga alguna fisura, alguna desportilladura en su alma, en su corazón o alguna cicatriz emocional. Vivir nos marca de una u otra manera.

Todos estamos un poco remendados, nos hemos roto al menos una vez en la vida. Tal vez el primer amor nos cuarteo, las malas experiencias nos resquebrajan poco a poco y conforme crecemos nuestras vivencias cambian de intensidad así la manera en que nos agrietamos.

Así vamos por el mundo, medio rotos, medio agrietados, unos han aprendido a remendarse en el momento, pero otros somos más arriesgados *(o cabeza dura)* no aprendemos a hacerlo hasta que algo que nos sobrepasa nos golpea y hace trizas, quedamos en el suelo despedazados, tratando de ver cómo diablos unir los pedazos sin morir en el intento.

A los treinta y seis

Estar roto no es el problema en sí porque estando completamente desmoronado uno puede armarse de nuevo y ser un ser humano casi funcional, caminas, comes, respiras, vives, sientes. La situación está cuando nos armamos y no estamos conscientes de todo lo que vivimos, de lo que nos llevó a rompernos o de todo lo que aprendimos en el proceso a reconstruirnos, de la nueva persona que se creó después de que tocaras fondo y te quebraras en mil pedazos. Definitivamente uno no puede romperse y volver a ser el mismo de antes.

No hay que avergonzarse por romperse a veces es necesario hacerlo más de una vez. Ni apenarse de estar remendados, de que se vean las grietas de cuando nos hemos unido. Esas cicatrices son parte de nuestra vida, nuestra historia, de quien somos.

Rota vives, rota caminas, rota suspiras, aprendes, vibras, como decía Hemingway así es como entra la luz.

Besa tus pedazos rotos, tus grietas, remiendos y cicatrices, bésalos y sonríe, gracias a ellos eres una nueva y mejor persona, una mejor mujer.

A las mujeres que fui.

A la niña temerosa, la que se sentía tonta y solitaria, que se sentía triste y no sabía cómo expresarlo. Hoy te acojo te doy la calidez te hizo falta en un abrazo.

A la adolescente rebelde e incomprendida, siempre sintiéndose menos, llena de huecos, rota, hoy entiendo, te ayudo a levantar tus pedazos y empiezo a remendarte.

A la joven idealista llena de sueños que dejó a un lado, de promesas incumplidas, tratando llenando carencias que desde la infancia arrastraba hoy te doy mi cariño, te digo aún hay tiempo, no es tarde para empezar.

Y a la madre en caos llena de culpas, repleta de miedos, la que se esconde a llorar en el baño saturada y que quiere salir corriendo. Esa que trata de criar hijos en terreno incierto te digo calma, lo estas logrando, lo estás haciendo.

A todas las mujeres que fui perdón por no entenderlas, por no quererlas, dejarlas de lado y juzgarlas duramente. Hoy quiero enmendar todo, hacerlo bien, empezar de nuevo.

A esa que seré, en la que me estoy convirtiendo, la mujer cambiante y cíclica te digo empodérate, ama cada rincón de tu cuerpo, ve siempre adelante, sana tus heridas y cura esos desasosiegos.

Escucha tu sabiduría y todo lo que llevas dentro, eso que tiene años gritando y quiere fluir, la magia y conocimiento de las mujeres que te precedieron.

Conmigo

~~Antes de casarnos, no, no... antes de comprometernos...~~ tampoco así

Antes de empezar alguna relación sentimental por más sencilla que sea deberíamos mirarnos frente a un espejo y hacer votos con nosotras mismas, hacer un compromiso y un juramento hacia nuestra persona, incluso cuando vayamos a hacer cualquier cambio importante en nuestras vidas.

Prometo serme fiel

En lo próspero y en lo adverso,

En la salud y en la enfermedad,

Con o sin pareja, siempre devota a mí

Respetando mis ideales

Y nunca olvidando quien soy.

Me comprometo aceptar mi cuerpo cambiante

Venerarlo como el templo creador de vida que es,

Besar mis cicatrices de batallas ganadas y perdidas.

A los treinta y seis

Prometo no reprocharme errores

Sino aprender y crecer de ellos.

No dejar de lado mis sueños

Ni perder mis ideales.

Levantarme cada vez que caiga

No sin antes besar mis manos que lo intentaron.

Juro amarme y respetarme

Por el solo hecho de ser yo.

Enamorarme cada día

De la del reflejo en el espejo,

Ser plena conmigo misma

Todos los días de mi vida,

Hasta que la muerte venga a llevarme.

Epílogo
Jueves 12 de marzo de 2020, 1:20pm

Me subo al carro, enciendo la música y le subo el volumen, mientras llegó a mi destino me gusta oír canciones viejitas, bueno, las <<*nuevas oldies*>> esas que estaban de moda cuando era adolescente. A veces las escucho detenidamente, otras tantas canto a todo pulmón. Llego a la fila de carros que al igual que yo esperan a abran la puerta y las maestras salgan entregar a los niños.

Voy practicando mi mejor sonrisa tratando de no parecer asesino en serie o se me note que estoy al borde de una crisis nerviosa.

A diferencia de otros días no reviso mis redes sociales, sólo me quedo recargada en el asiento pensando sobre todo esto, sobre mi vida, mis decisiones, mi historia, mis maneras de proceder. ¿Quién era? ¿Quién soy? ¿Qué quiero llegar a ser?, sí, mi esposo tiene razón, me pienso mucho las cosas, digo ¿quién no? ya no somos los jóvenes de antes, se supone debemos ser maduros, prósperos, centrados, yo me conformaría con tener paz interior, equilibrio emocional y simplemente ser feliz.

A los treinta y seis

Creo que entré ruinmente a los treinta y siete, sí, los treinta y cinco fueron iluminadores, los treinta y seis reveladores pero todo lo aprendido ese año ahora me toca aplicarlo a mi vida actual, hacer cambios, depurar costumbres viejas, arraigadas y como dirían estos días *<<tóxicas>>*.

Doy un suspiro hondo, de esos que al darlos te sacude el cuerpo, hacen que te duela el alma. Abro la ventana y dejo que el aire de marzo entre a mis pulmones, marzo tiene algo especial, el olor a azares en el ambiente y la primavera en todo su esplendor, un aroma que me ha acompañado en muchos momentos importantes en mi vida, un olor que me recuerda a mi abuela y el toronjo que había en su casa.

Me acerco a los cuarenta, esa etapa en que la vida empieza a cambiar para muchos, el inicio de un temido otoño tal vez, pero marzo me recuerda que soy primavera o mínimo que aun la llevo dentro y quiere florecer, que aún hay tiempo, que siempre es tiempo.

Éste último par de años han sido un llamado de atención, un jalón de vuelta a la realidad, un despertar, un balde de agua fría, no sé cómo llamarlo exactamente, pero lo que sí sé es que ahora que conozco tantas cosas, que he descubierto tanto, que se me cayó la venda de los ojos, por así decirlo, no puedo quedarme de brazos cruzados.

No quiero sonar trillada o como comercial meloso pero vida solo hay una para malgastarla o lamentarme por lo que fue, lo que debió ser o de lo que me quede con ganas.

No voy a hacer una carta a mi yo más joven para decirle que debe o no hacer, eso no tendría mucho sentido, la madurez y maneras de pensar las he forjado con mis vivencias y nada en el mundo me quita el aprendizaje, si alguien me hubiera platicado que mi vida sería como fue me hubiera muerto de risa.

En vez pensar en hacer una idílica carta al pasado mejor me miro detenidamente en el retrovisor y mi primer reto es tratar de no juzgarme, que es lo que normalmente hago en vez de eso me regalo una sonrisa. Date tu tiempo y no te sientas culpable por ello, eres madre pero aun sigues siendo la mujer con sueños y aficiones que eras antes de tener a tus hijos. Relájate, suelta expectativas altas, vales mucho, vales más de lo que los demás creen. Tu fuerza viene de adentro.

No eres mala madre por querer salir corriendo, por más malo que sea tu día ten la certeza que no será eterno, descansarás y al siguiente día empezarás de nuevo con la energía cargada y ánimos nuevos. Se vale maldecir, putear y enojarse, no dejes lo enojos y frustraciones dentro, busca ese grupo de amigas con el que puedas reír, platicar y hasta quejarte de lo frustrante que puede ser el día a día.

Haz lo que te sublime, escribe, pinta, cocina, haz ejercicio, yoga, baila. Haz lo que te gusta pero no te abandones, no desahucies tus sueños, no dejes morir esperanzas. Siempre pide perdón, no te calles un te quiero y menos a ti misma. No está mal romperte, lo que está mal es que te unas sin aprender algo de eso. Besa tus pedazos rotos, tus grietas y cicatrices.

Agradece lo bueno, lo malo y lo jodido, toda experiencia nos ayuda a crecer. Nunca es tarde para seguir tus sueños.

Un claxon me saca del trance en el que entré al verme al espejo, algo me dice que voy a estar bien, voy por buen camino. La maestra de guardia se acerca y me pregunta por quien voy.

— Lucía, tercero B- contesto.

Y ahí viene con sus cabellos lacios despeinados saliéndose de su cola de caballo y arrastrando la mochila como cada que vengo por ella, pero lo más importante sonriendo como siempre la niña que lo empezó todo.

Dicen que cuando tienes una hija mujeres te pares a ti misma, debo confesar al principio no entendía esa frase, pero ahora al verla viene a mi mente y va empezando a tomar sentido.

A los treinta y seis